Humo

LIZETTE ESPINOSA

Humo

bokeh ✳

ISBN 978-94-93156-27-2

INCINERACIÓN

Funeral 13

Discernimiento 14

Plegaria 15

Homeless 16

Acuerdo 17

Primavera 18

La noticia 19

Caducidad 20

Arte poética 21

Muerte súbita 22

Fragilidad 23

Una vida 24

Descendencia 25

Estampida 26

Extramuros 27

Señales de humo 28

EL PESO DE LA SOMBRA

Lumbre 31

Desmemoria 36

Cape Cod 37

Aridez 38

Smoky Mountain 39

Rápidos 40

Meditación 41

Visitaciones 42

Ciudad 43

Flor de invierno 44

Figurines 45

Alumbramiento 46

Paisaje 47

Pesadilla 48

El poder de la palabra 49

Creación 50

Jazz 51

Impermanencia 52

Un hombre sabio 53

Regreso 54

Polvo de ese polvo 55

Como una cruz 56

A la memoria de mi padre

¡Poco antes nada y poco después humo!

Francisco de Quevedo

Ni el agua en su destierro sucederá a la fuente
ni los huesos del águila volverán por sus alas.

José Emilio Pacheco

Incineración

Funeral

Arde la ciudad
en los ojos que zarpan
por angostos pasajes
en los que se deshace la inocencia
en los labios que traicionan la promesa
la memoria de la piedra
que un día fue calle
luego casa
y ahora muro
por donde salta la muerte.

Discernimiento

El día se impone ante mis ojos como un templo
entrar en él, cruzar bajo su arcada
con la fe y el arrobo de los conquistadores.
Laberintos donde corre de boca en boca el rumor
y el vino de la desesperanza.
Yo doblo la rodilla
y elevo hasta la cúpula mi palabra ordinaria
confiando en que la paz
se pose blanca y firme sobre mí
traigo en la mano el dardo de la duda
la agonía del prójimo.

Plegaria

Amasijo de buenas intenciones
bebederos de luz para el errante.
El hombre teme al hombre, se aniquila
y poco puede un salmo
o el santo aceite ante su desnudez.
Una dosis de bien para el enfermo
otra lluvia que lave al cuerpo de su mal
y aclare, como solo aclara la lluvia
el suelo de su patio
el tormentoso ruido de su alma.

Homeless

Sobre la estrecha acera
en el nicho nupcial de rústico ladrillo
la viuda acicala su edredón
y barre con la falda el polvo de los días.
Todo brilla a su modo
y a los ojos de Dios es solo otra mujer
hastiada del viandante que pasa y fisgonea
tras el fino algodón de sus cortinas.

Acuerdo

Déjame estar en tu morada
recibir la noticia de los atardeceres
desde la mansedumbre de tu gesto
postergar el deshiele de mi sangre
hasta el amanecer.
Debajo de mi manta los niños esperan
el cese de la lluvia,
luminosas verdades puestas a madurar
para sus bocas.
Deja que acomode mi historia al fuego de tu hogar
allí donde son otras las ruinas, los infiernos.

Primavera

Abrirse en flor
en cataratas
desprenderse
de sí
precipitarse
como un eco
un aluvión
un nombre.

La noticia

Mediodía lunar
en que la luz invade al cuerpo ensimismado
y asoman cautelosos los signos del dolor.
Llega a las inmediaciones la voz del quebranto
y aquella a quien le cuesta poner nombre a las cosas
saluda desde el fondo, displicente.

Caducidad

Debimos ver la fecha
el final previsible acuñado en la carne
haber notado el fondo
la altura del agua
cuando nos asomamos a los ojos
adivinar la luz que escapaba del cuerpo.
Sería conveniente de antemano
sabernos ya vencidos.

Arte poética

La muerte se parecerá a esta aridez
donde vago y espero una señal
que me regrese al monte Parnaso.
Algo en mí se va quedando a oscuras
y en la humildad de lo que se revela
hay una iniciación
un retornar a los jardines sacros
a la humedad quebrada de su fuente
de donde brota cómplice, el silencio.

Muerte súbita

No me viste morir en el puente de *Williamsburg*
cuando cayó la noche de golpe
y cercenó de un tajo mi memoria,
a esa hora la casa se vaciaba de himnos
y en el rincón más noble nació la orfandad.
Perdí en un instante el acierto, el decoro,
la paz de los que duermen
en un rostro, en una voz.

Fragilidad

Un verso
el canto en ciernes
todo lo que ruega por ser
camina por el borde del alero
como las palomas del espíritu
el suicida y su desesperación.

Una vida

Lo más difícil es abrir la puerta
para que salga una vida
y ver como se aleja, despacio,
sin apenas voltearse.
Destapar los cajones
para sacar las piezas que te armaron
reconocer los restos y creerte completa.
Lo más difícil será cuado alguien llame
y no respondas ya.

Descendencia

Giro como la hora que termina
de segundo a segundo
el paso sesga la justa floración
y mana la inquietud
de quien se sabe ausente
en las celebraciones.
Alguna vez
vi su rostro romper
la exactitud del agua.

Estampida

Habrá quien justifique la estampida
el sonido del cuerno a media noche
quebrando la silueta de la tierra,
quien desemboque en otra claridad
más humana y real.
Huir de los escaños de la muerte
desde el amor, con él a cuestas
por el campo minado.
Sana el cuerpo de su cruz
renace del último exterminio
agazapado entre la luz y el hálito,
sana el cuerpo de otro cuerpo
se sobrepone a él como a una enfermedad.

Extramuros

Detrás de estas paredes crece el mundo
se ensillan los caballos de la muerte
y hay árboles
de los que caen falsos testimonios.
Aquí dentro es templado
la música del cuerpo se gradúa
y abrir una ventana puede ser
un acto irrevocable.
Si sembrara mil voces esta noche
no llenaría con su fruto mis manos
aquello que no he dicho sigue afuera
acordonando calles.

Señales de humo

Acumulo ramas para encender un fuego
dicen que el humo puede verse desde lejos
y según el color será el mensaje.
Debo incluir las pérdidas
los restos del festín, las quemaduras.
Insisto en reunir la piel de algunos días
el polvo del camino donde el hombre
arrastra su casa, su fe, la dignidad.
Aún no sé qué semilla
me devuelva el color de los viejos jardines
el canto que encendía la mañana.
He atesorado el llanto.

El peso de la sombra

Lumbre

No pondrás nombre al fuego,
no medirás su alcance.

Chantal Maillard

Eres chasquido que se me antoja música
salto de vida en su expresión más pura
agonía del bosque
lava que despereza y se desborda.
He visto a Dios acomodar sus manos
en tu aliento abrasado.
Alegría del hombre, fe de aquella
que procura a su hogar dignos manjares
qué deidad te acompaña, qué solar
te sueña como un niño.

Apacigua al mendigo
déjale la certeza de tu amparo
que sus ojos reflejen tu estampida
y su cuerpo recoja la tibieza.
Puerto en la soledad del alma errante
mansedumbre de los atribulados.

Hay en tu nombre una ternura cierta
un atisbo de sol, una plegaria
que no alcanza a vestir su envergadura.
Nota crucial, rugido maniatado
del tronco en la sombra de una estufa.

Qué ruina sobrevino a la floresta
qué brazos le cargaron.

Destello
en los ojos del tigre, en su guarida
donde se ofrecen vastos funerales
en el horno, en el lodo
conque el hombre amasa su destino
en el miedo, en la hoguera
donde la historia cuece al heroísmo.
Cobijo del establo
donde la bestia encuentra fiel socorro
mediodía en los campos, miel de junio
goteando en las colmenas.
Luz del girasol, la doncella
que ríe en la brisa de la tarde
y oculta el rubor que le provoca
los ojos del viajero.

Eres
la promesa del padre y su estatura
la gruta en la que el mar esculpe la pureza.
Tierra que se llora y se ofrenda.
Raíz que ya es torcida y es brebaje
para calmar la pena, el desarraigo.
Pira donde se inmolan las verdades.
Naranja enaltecido, justo incendio.

Dicha que en el pecho dilata
los leves resplandores
serás propósito, el signo que deshace
las fases de la luna.

Llevar dentro de sí la encrucijada
develar el misterio de su fuente.

Nítida luz
que alcanza a desafiar al desamparo
a los moldes que fijan la tristeza
serás herida que florece en el campo
el daño que reposa.
Serás la primavera, acaso un salmo
en la mano de mi madre entre mis manos
en el pan que calla su incansable proeza
en el color de la fruta en la cesta
que no será ofrecida
lo que se añora, tambien lo que se olvida
desde la soledad, en el hastío.
Una voz, el impacto de un tiro.

En la muerte, el nacimiento,
en el humo de la sopa en la vasija
lo que se teme y lo que se escatima
desde la oscuridad de los sentidos.

En el manto de la virgen, la plegaria
que la anciana repite de rodillas
sus ojos aferrados a un cirio
que se deshace en llanto.
La diosa que se yergue en el altar
del vasto pensamiento.

Mujer hecha de salmos
cómo te rompes en la ausencia que calmas
y trasciendes marcada por los signos del fuego.

De qué dulce agua bebes
en qué fuente sumerges tu cuerpo
para luego volver, resuelta
sobre tu propia tierra
como un ave encendida
certidumbre.

Hay luces que se apagan para siempre
cuerpos deshabitados que anidan el olvido
y procrean las sombras.
Donde el muro se desploma
y crece en vicio la yerba y el hartazgo
se oye el rumor de un alma y su pobreza
el crepitar del tiempo que en su saña
fue arrancando las hojas, los abrazos.

Hay un espacio dispuesto en el dolor
donde se queman todas las renuncias
y brillan como el astro las horas
que nos fueron negadas
me pregunto qué arde en esa hoguera
sino lo más querido
la certeza de un rostro dispuesto a redimir
lo que nos falta
y así como aquello
que se funde en otra realidad
llegar al fondo de los otros
a la ceniza que alguna vez
formó parte de todo.

Hay un espacio dispuesto en el hogar
un sagrario donde guardar el fuego

la luz que cada noche
nos salva de la profundidad
y espanta, no sin júbilo el vacío.
Con gran destreza engendra
humeante, escandaloso
el alimento
república en la que se fundan
las leyes del amor y la lealtad
tiene igual que el árbol
el don de la congregación
el círculo sagrado de una alianza
y va como el mendigo
abrazando la sombra, la intemperie.

Desmemoria

Absorto corta el pan
lo desmenuza entre las pocas aves
y el gesto se abre paso como una rebelión.
Los años se apilaron en su cuerpo
troncos desvanecidos
con los que cuesta andar fuera de sí,
el sol ya no llega a sus ojos
ni calienta en sus venas el aceite vital.
Hay en su frente un árbol
donde cuelgan los rostros sin nombre del pasado
en su pecho hay un muro.

Cape Cod

La bruma difumina los contornos
y cubre como un velo el rostro de *Chattham,*
la arena y el molino sucumben ante la palidez.
Vengo de un tiempo sin tiempo
padezco el delirio de los mares
traigo en la piel el nombre de otras piedras
y me pierdo
             bajo la luz benigna de los faros.
Quiero descubrirte en el viento que rompe
la saga de mis días, desempolvar esta inquietud,
llevo el verano a cuestas
y por más que degrade los verdores que guardo
no llegarán a ser de este lugar.

Aridez

Cae sobre la hoja mi música insalvable
pende del hilo la buena voluntad
nada mancha su cuerpo ni asoma de su fondo
que no sean los peces de mi propia inquietud.
Como un signo de paz o una sentencia
blande el viento su carne
y yo imagino un trazo, una estela de sangre
cruzando la llanura.

Smoky Mountain

La ruta zigzaguea bajo el caucho
el aire se ennoblece
con la proximidad de la montaña.
Al final de la cuesta está el invierno
su abrazo delirante
y en el umbral de la implacable piedra
un ángel aguarda mi destierro.
Ha sido largo el trecho hasta este día
escuálidos los brazos que lo arropan
pienso en el mar, sus visitados puertos
en las velas plegadas de la nave
que atraviesa la noche
en el hombre y su indomable huella
las manos que hilaron mi destino
y el temblor de la tarde que sentenció mis pasos.
Cuán lejos busca la sangre, qué tan alto.

Rápidos

El río se lanza como un cóndor
desde la última piedra
hacia el tren de las aguas
evade las curvas de mi mano
arrastra a los hijos de mis hijos
se lleva este verdor
que rara vez pronuncio.

Meditación

Pequeñas detonaciones
luces vagas
que conspiran en el juego
de la revelación.

El silencio ya llega
se detiene
y nada sabe de los gritos del cuerpo
el vocerío de las divagaciones.

Todo busca su cauce
el agua sigue al agua
y el horizonte siempre será
una línea inconclusa.

Visitaciones

Mi hijo duerme en la duna de un mítico desierto
navega en la ribera de alguna geografía
él estuvo en la guerra
ha muerto en el combate
y regresa a la cumbre como el ave
que vigila la ruta de los remordimientos.
Es el que siempre vuelve
el que se sabe dueño de un tiempo figurado
visitante amadísimo
¿dónde vuelca tu sombra su osadía?

Ciudad

No sé qué tiempo tenga
ni qué saldo me quede
para consumir
la gloria que me ofreces
si quiero ver
la soledad en los vestigios
el humo y su agónica espiral
cruzar la línea de fuego
o alcanzar el troquel
donde nacen los fieles inocentes.

Flor de invierno

Crece sobre el asfalto
se empina en el desorden de la noche
hasta alcanzar los ojos
del que busca en la calle su consuelo.
Envoltura de imprenta
lana mítica para la risa púrpura
que bebe de los charcos el glamour.

Figurines

a JCV

Llenas cada espacio
de hermosas miniaturas,
dispuestas al azar
dan rostro al frío de los muros
y te preguntas
si alguna vez también
llenaste vacíos memorables.
Cubres cada espacio
para que no falte un cuerpo que lustrar
un nombre que sacudir.

Alumbramiento

Admiré la explosión de la vid
su pólvora en mis dedos
anunciando el delirio.
Presencié la ejecución
de los sarmientos
en el rostro extasiado del labriego.

Paisaje

He visto esta tarde tantas veces
el mismo manto ocre hundirse en la bahía
y aquellos viejos barcos
dispuestos en la simulación de un vendabal.
He visto esas manos sacudir otras noches
como un atolondrado
que cree ver su sombra zarpar desde algún muelle
sus hijos como antorchas
dispuestos en la orilla queriendo despedirle.
La fiebre, la ovasión
la blanca gasa ondear en los andenes
a la espera del hombre que vuelve a su moldura
su pared derruida.

Pesadilla

Cabalgas bajo la tempestad
y es oscura la lluvia en tus ojos,
el animal de la noche te lame el rostro
y descubre la luz.
Hay bosques poblados en el alma
ríos en los que no desemboca la clemencia
un signo de fe, un ave rota
descansando en tu pecho.

El poder de la palabra

Digo ruina y el sol se desvanece
cuando abras los ojos
habré fundado una ciudad
y su flota de barcos cortejará
tu cuerpo hacia el declive.
Creo en el poder de los pronunciamientos
la palabra es el salvoconducto a la memoria
me prohibo fallar
disfruto a solas mis aniquilaciones.

Creación

Surge el verso en un brote de azares
revindicando el gesto de la vida
y permanece ileso, fugitivo
hasta el amanecer.
Se vuelca sobre él la marejada
los duelos irresueltos
padece la erosión de la palabra.

Jazz

a Ena

¿Qué busca en mí la noche, qué se lleva
en el trasiego lícito de notas y vapores?
La música desata sus demonios
en el bar de mi sangre
y hay un duelo de acordes que disparan al viento
un golpe de metales acercándose.
En la antigua casona de tablas carcomidas
                          un piano se lamenta
y la voz que rocía su cuerpo con *Jack Daniel's*
revienta en los cristales.

Impermanencia

No hay quien resista el peso de la niebla
ni el instante, ni Dios con sus rostros disímiles
que escape a su impronta
al golpe en el que se diluyen
los hombres y las horas.
Palpo la evanescencia
traspaso su cortina
como una gota.

Un hombre sabio

a Antonio Gamoneda

El hombre termina su café
y absorbe
el último esplendor del cigarillo.
Ya nada le sorprende
sabe esperar el curso de las horas
simular la tragedia de los acantilados.
El gesto agotado del oficio
se tensa en el arco de la mano que huye,
el hombre despide su humildad y espera
con la pasión de un niño
el disparo final de la alegría.

Regreso

a Eliseo Diego

Llego a la paz sonora de tu sombra
en las oscuras manos del olvido
como quien vuelve a casa
y me adormece el mar tras la ventana,
la visión de un velero atracando en el puerto
con la bodega llena de vinos
más dulces que los nuestros.
Me asombran las hormigas que al ir vienen
mientras yo me diluyo en esta siesta
sobre la única silla
que ha sido olvidada por los hombres,
la que no ha visto más aquellos días
da pena estar así como no estando.

Polvo de ese polvo

Desde un tren
que sobrevuela la ciudad
veo el constante resurgir de los contornos
la silueta del día que se alza
en el arrebolado de los techos
los patios
pequeños escenarios donde ocurre la vida
tan cerca, tan distante, tan deprisa
que el gesto común se vuelve brizna
una palabra que es manjar para el ave que cruza.
Signos que revelan un presente fugaz
la muerte de un instante apenas concebido
el polvo de ese polvo que me aspira.

Como una cruz

Y todo se reduce
a esta humedad
que sangra
en los cristales
y al eco de unos pasos
que llevan sobre sí
la sombra de otros pasos
a la piedra
donde amolé
mi condición de daga
y la herencia que el tiempo
fue dejando caer
                    como una cruz
sobre los pastizales.

Catálogo Bokeh

Abreu, Juan (2017): *El pájaro*. Leiden: Bokeh.

Aguilera, Carlos A. (2016): *Asia Menor*. Leiden: Bokeh.

— (2017): *Teoría del alma china*. Leiden: Bokeh.

Aguilera, Carlos A. & Morejón Arnaiz, Idalia (eds.) (2017): *Escenas del yo flotante. Cuba: escrituras autobiográficas*. Leiden: Bokeh.

Alabau, Magali (2017): *Ir y venir. Poesía reunida 1986-2016*. Leiden: Bokeh.

— (2019): *Mordazas*. Leiden: Bokeh.

Alcides, Rafael (2016): *Nadie*. Leiden: Bokeh.

Andrade, Orlando (2015): *La diáspora (2984)*. Leiden: Bokeh.

Armand, Octavio (2016): *Concierto para delinquir*. Leiden: Bokeh.

— (2016): *Horizontes de juguete*. Leiden: Bokeh.

— (2016): *origami*. Leiden: Bokeh.

— (2019): *El lugar de la mancha*. Leiden: Bokeh.

— (2019): *Superficies*. Leiden: Bokeh.

Aroche, Rito Ramón (2016): *Límites de alcanía*. Leiden: Bokeh.

Blanco, María Elena (2016): *Botín. Antología personal 1986-2016*. Leiden: Bokeh.

Caballero, Atilio (2016): *Rosso lombardo*. Leiden: Bokeh.

— (2018): *Luz de gas*. Leiden: Bokeh.

Calderón, Damaris (2017): *Entresijo*. Leiden: Bokeh.

Castaños, Diana (2019): *Yo sé por qué bala la oveja mansa*. Leiden: Bokeh.

— (2019): *The Price of Being Young*. Leiden: Bokeh.

Columbié, Ena (2019): *Piedra*. Leiden: Bokeh.

Conte, Rafael & Capmany, José M. (2019): *Guerra de razas. Negros contra blancos en Cuba*. Leiden: Bokeh, colección Mal de archivo.

Díaz de Villegas, Néstor (2015): *Buscar la lengua. Poesía reunida 1975-2015*. Leiden: Bokeh.

— (2015): *Cubano, demasiado cubano. Escritos de transvaloración cultural*. Leiden: Bokeh.

— (2017): *Sabbat Gigante. Libro primero: Hojas de Rábano*. Leiden: Bokeh.

— (2018): *Sabbat Gigante. Libro segundo: Saigón*. Leiden: Bokeh.

Díaz Mantilla, Daniel (2016): *El salvaje placer de explorar*. Leiden: Bokeh.

Espinosa, Lizette (2019): *Humo*. Leiden: Bokeh.

Fernández Fe, Gerardo (2015): *La falacia*. Leiden: Bokeh.

— (2015): *Notas al total*. Leiden: Bokeh.

Fernández Larrea, Abel (2015): *Buenos días, Sarajevo*. Leiden: Bokeh.

— (2015): *El fin de la inocencia*. Leiden: Bokeh.

Ferrer, Jorge (2016): *Minimal Bildung. Veintinueve escenas para una novela sobre la inercia y el olvido*. Leiden: Bokeh.

Gala, Marcial (2017): *Un extraño pájaro de ala azul*. Leiden: Bokeh

Galindo, Moisés (2019). *Catarsis*. Leiden: Bokeh.

Garbatzky, Irina (2016): *Casa en el agua*. Leiden: Bokeh.

García, Gelsys (2016): *La Revolución y sus perros*. Leiden: Bokeh.

García, Gelsys (ed.) (2017): *Anuncia Freud a María. Cartografía bíblica del teatro cubano*. Leiden: Bokeh.

García Obregón, Omar (2018): *Fronteras: ¿el azar infinito?* Leiden: Bokeh.

Garrandés, Alberto (2015): *Las nubes en el agua*. Leiden: Bokeh.

Gómez Castellano, Irene (2015): *Natación*. Leiden: Bokeh.

González Nohra, Fernando (2019): *Con sumo placer*. Leiden: Bokeh.

Guerra, Germán (2017); *Nadie ante el espejo*. Leiden: Bokeh.

Gutiérrez Coto, Amauri (2017): *A las puertas de Esmirna*. Leiden: Bokeh.

www.ingramcontent.com/pod-product-compliance
Lightning Source LLC
Chambersburg PA
CBHW031755090426
42739CB00008B/1026